जीवन एक शिक्षक

जीवन के कुछ चरण जो हमें कुछ महत्वपूर्ण सबक सिखाते हैं

विवेक कुमार शुक्ला

Copyright © Vivek Kumar Shukla
All Rights Reserved.

This book has been published with all efforts taken to make the material error-free after the consent of the author. However, the author and the publisher do not assume and hereby disclaim any liability to any party for any loss, damage, or disruption caused by errors or omissions, whether such errors or omissions result from negligence, accident, or any other cause.

While every effort has been made to avoid any mistake or omission, this publication is being sold on the condition and understanding that neither the author nor the publishers or printers would be liable in any manner to any person by reason of any mistake or omission in this publication or for any action taken or omitted to be taken or advice rendered or accepted on the basis of this work. For any defect in printing or binding the publishers will be liable only to replace the defective copy by another copy of this work then available.

इस कहानी को जीवन के उन उतार चढाव को देखकर लिखा गया है जो एक व्यक्ति को जीवन में सही या गलत की पहचान करना सिखाते हैं।
बचपन से लेकर बड़े होने तक हम लाइफ में कई गलतिया करते हे कई बार दुखी हो जाते हैं और कई जगह घबरा जाते हैं की अब क्या करें आगे क्या करना है और अब आगे क्या होगा। हर सवाल का जवाब आपको इस पुस्तक में देने का प्रयास किया गया है।
आशा है की यह पुस्तक आपको आपके जीवन को सही राह पर लेजाने में मदद करेगी।

इस पुस्तक में लिखी गई कहानी सच्ची कहानी से प्रेरित है जो की लेखक के जीवन से लिया गया है। इस पर किसी का कोई अधिकार नहीं है और न ही इसे किसी की भावनाओ को हानि होगी। यह पुस्तक लोगो को जीवन जीने का एक नया तरीका सीखने में मददगार साबित हो यही हमारी आशा है।

Written By (Author)

Vivek Kumar Shukla

क्रम-सूची

भूमिका vii

1. लेखक के माता पिता 1

2. बचपन 4

3. स्कूल का जीवन 7

क्रम-सूची

भूमिका vii

1. लेखक के माता पिता 1

2. बचपन 4

3. स्कूल का जीवन 7

भूमिका

इस पुस्तक में कई लोगो के बारे में दर्शाया गया है जो की सिर्फ लेखक के जीवन से ताल्लुक रखते हैं।

उनका व्यव्हार उनकी बातें व उनका अचार विचार कैसे एक व्यक्ति को दूसरे से भिन्न बनता है यह दर्शाने की कोशिश इस पुस्तक में की गयी है।

इस पुस्तक द्वारा किसी भी व्यक्ति की भावनाओं को चोट पोहोचने की कोशिश नहीं की गयी है।

1

लेखक के माता पिता

लेखक एक माध्यम वर्गीय परिवार से थे जो की गाओ से आकर एक बड़े शहर में रह रहे थे अपने सपने पुरे करने के लिए।

लेखक के पिता के माँ बाप १५ वर्ष की आयु में ही नहीं रहे उनके ३ भाई और ३ बहने थी। जिनमे सबसे बड़े भाई ने माँ के मरने के समय अपनी बीवी और बचो के लेकर वहा से रवानगी लेली पीछे रह गए तो २ भाई और ३ बेहेने। बड़े भाई के घर छोड़ कर भाग जाने के बाद सारी ज़िम्मेदारियाँ लेखक के पिता यानि शिवाकांत शुक्ला पर आ गयी। जिसके कारण १५ साल की उम्र में ही लेखक के पिता ने घर चलाने के लिए और बहनों की शादी करने के लिए एक मज़दूर का काम करने के लिए अपनी हामी भरी।

जिस समय उन्होंने अपने गाओ से जाने की तयारी की उस समय वो अकेले थे और उनके साथ था जिम्मेदारियों एक बहुत बड़ा पहाड़।

लेखक के पिता ने शहर जाने के लिए ट्रैन में रवानगी तो की परन्तु कुछ पता न होने के कारण वह एक अनजान गाओ में उतर गए , वहां काफी समय तक चलने के बाद लेखक के पिता ने एक व्यक्ति से भूक लगने पर खाना माँगा। उस व्यक्ति ने उन्हें देखकर अपने यहाँ काम पर रख लिया और कहा की में तुम्हे रहने खाने को दूंगा पर तुम्हे मेरे खेत में काम करना होगा। कोई रास्ता न होने की वजह से लेखक के पिता ने हामी भरदी।

तद पश्चात लेखक के पिता से उस व्यक्ति ने बहुत काम करवाया जिसके कारण लेखक के पिता मौका देखकर वहाँ से भाग गए।

किसी तरह संघर्ष करके वे शहर पोहोचे जहाँ उनके मित्र ने उन्हें एक मज़दूर की नौकरी दिलवाई। उसके बाद लेखक के पिता ने बहुत मेहनत की और पैसे कमा कमा कर अपने गाओं अपने चाचा को भिजवाए ताकि वो लेखक के पिता की बहनों का विवाह करवा सके।

और इसी तरह जीवन आगे बढ़ा और आखिर में लेखक के पिता के विवाह की बरी आयी।

लेखक की माँ एक छोटे परिवार से थी परन्तु वह पढ़ाई में बहुत तेज़ थी। कक्षा दसवीं तक की पढ़ाई पूरी होजाने के बाद लेखक की माँ की इच्छा थी की वह आगे पढ़ाई करे परन्तु गाओं की पुराणी सोच और माँ बाप की इज़्ज़त की वजह से लेखक की माता जी ने शादी के लिए हामी भर दी और अपने सभी सपनों को रख कर दिया।

लेखक के माँ बाप की शादी के पीछे भी एक गहरा रहस्य था।

हुआ यूँ की लेखक की माँ का रिश्ता लेकर बसंत लाल तिवारी (लेखक के नाना जी) पोहोचे लेखक के पिता के गाओ में।

जहाँ बसंत लाल की मुलाकात हुई रसिक बिहारी से (लेखक के पिता के चाचा जी)। यह रिश्ता रसिक बिहारी जी के सगे बेटे के लिए था परन्तु वहाँ पोहोचने के बाद आस पास के गाओ से पता लगा की रसिक बिहारी के पुत्र का एक विवाह पहले से ही हो चूका है और उनकी बहु घर छोड़कर जा चुकी है।

यह बात सुन बसंत लाल ने रसिक बिहारी जी से वजह जांनी चाही पर वह नाकाम रहे। क्युकी रसिक बिहारी जी गाओं के जाने माने व्यक्ति थे और उस गाओं के अध्यापक भी बसंत लाल जी ने उनसे कहा की वो अपनी पुत्री का विवाह करने के लिए तैयार हैं परन्तु पहले वो उनकी पहली बहु से मिलकर बात को सुलझाने की कोशिश करेंगे। और अगर बात सुलझ जाती है और आपकी बहु घर लौट अति है तब मेरी बेटी का क्या होगा इसका जवाब देते हुए रसिक बिहारी जी ने कहा की अगर मेरी बहु लौट आयी तो आपकी बेटी का विवाह मेरे ही परिवार के पुत्र से होगा और में इसका वचन देता हूँ।

यह बात सुन्न बसंत लाल चल पड़े रसिक बिहारी जी की बहु के गाओ जहा पोहोचने के बाद बसंत लाल को पता चला की रसिक बिहारी जी के घर पर उस लड़की को कई तरीके से परेशान किया जाता था। क्युकी उसके पेट में लड़की थी जिसके कारण उसे अलग अलग तरह की प्रताड़ना पोहोचाई जा रही थी। ये सब सुनने के बाद भी बसंत लाल तिवारी जी जो की एक ब्राह्मण थे और माता रानी के भक्त उन्होंने उस लड़की को अपनी बेटी का दर्जा देते हुए समझाया की शादी के बाद लड़की का घर सिर्फ उसका ससुराल है और ससुराल में इज़्ज़त से रहना लड़की का हक़ जो उससे कोई नहीं छीन सकता। उसका घर लौटना ही उसके और उसके पेट में पल रही बची के लिए अच्छा होगा।

बसंत लाल की बाते सुन्न लड़की ने कहा की अगर मेरी कुछ शर्ते मान ली जाये तो में वपौस जाने के लिए तैयार हूँ

१. पेहली शर्त की मेरी बेटी के नाम पर २ लाख रूपए का fixed deposit कराया जाये ताकि में मेरी बची का पालन पोषण कर सकू।

२. दूसरी शर्त की उस घर में मेरा और मेरी बेटी का अलग घर बनाया जायेगा।

सभी शर्तो के साथ जब प्रस्ताव रसिक बिहारी जी के सामने रखा गया तो वह तुरंत तैयार हो गए अपनी बहु को घर वापस लाने के लिए।

और इसी तरह बसंत लाल तिवारी के चलते रसिक बिहारी के बचे का घर फिर बस गया।

और अपनी शर्त के अनुसार रसिक बिहारी जी ने अपने भाई के पुत्र यानि लेखक के पिता शिवाकांत शुक्ला का विवाह बसंत लाल तिवारी की पुत्री से तय कर दिया।

इस तरह एक शर्त के चलते लेखक के माँ बाप की शादी हुई जो की बुनियाद थी किसी के बिगड़े घर को फिरसे बनाने की।

इस अध्याय का सार यह था की एक व्यक्ति जिसके माँ बाप के जाने के बाद जब उस पर जिम्मेदारियों का बोझ आता है तो यह उस पर निर्भर करता है की वह लेखक की पिता शिवाकांत शुक्ला की तरह डटकर जिम्मेदारियों को संभालने की कोशिश करे या लेखक के पिता के बड़े भाई की तरह भाग जाये।

वही दूसरी और इस कहानी में हम ये भी देख पाएंगे की हमारी पिछली पीढ़ी कितनी ही उसूल वादी या जिम्मेदार क्यों न बने पर वह हमेशा से ही एक जिम्मेदारी को ठुकराते आये है और वो हे अपनी बेटी की जिम्मेदारी और चाहे वो रसिक बिहारी मास्टर के परिवार के जैसे लोग हो या फिर बसंत लाल तिवारी के परिवार के जैसे

जहां एक तरफ बेटी होने पर बहु को तड़पाया गया वही दूसरी और जिम्मेदारी को ख़तम करने के नाम पर बेटी का ही सोदा कर दिया गया।

एक लड़की की इच्छाओं का परित्याग कर उसे एक शर्त के चलते शादी के उस बंधन में बांध दिया गया जहाँ उसका कोई भविष्य नहीं था।

बिना ये देखे बिना ये सोचे की क्या लड़की जिसके साथ ज़िन्दगी बिताएगी और जिस परिवार में जाएगी वह उसके लिए सही है या नहीं , उसका विवाह १८ वर्ष की काम उम्र में ही कर दिया जाता है।

यही है हमारा २०वी सदी का समाज।

2

बचपन

बचपन जीवन का वो पल जो हर व्यक्ति दुबारा जीना चाहता है। यह बात है उस समय की जब विवेक शुक्ला (लेखक) ने जनम लिया।

लेखक के माता पिता बहुत खुश थे। उसी समय लेखक के पिता मज़दूरी का काम छोड़कर दूध की सप्लाई के काम में लग गए थे।

घर में एक नन्हे मेहमान के आने से घर का माहौल बदल गया था और साथ ही बढ़ गयी थी लेखक के पिता की जिम्मेदारियां।

जिस समय लेखक का जनम हुआ उस समय लेखक की माता जी अपने मइके में थी और लेखक के पिता शहर में।

पुत्र के जनम की खबर सुन्न लेखक के पिता ने अपने छोटे भाई के हाथ बहुत सारे उपहार व कुछ रूपए भिजवाए परन्तु लेखक के पिता का छोटा भाई सारा पैसा शराब व नशे में उड़ा बैठा और गाओ में पहुंचने के बाद उसने सबसे झूठ कहा की पैसे चोरी हो गए।

लेखक के पिता का छोटा भाई बचपन से ही नाकारा हो चूका था। ना माता पिता का सर पर हाथ न बड़े भाई का साथ और अकेले रहने की वजह से उसके मन्न में जो आये वो वही करता था। क्यूकी लेखक की पिता घर चला ही रहे थे वो सिर्फ बैठकर खाता था और नशे में रहता था।

कुछ समय बाद लेखक के पिता भी अपने ससुराल पहुंच गए। वह शहर से छुट्टी लेकर आये थे और अपनी जगह अपने ही एक रिश्तेदार के लड़के को अपना काम सांप कर आये थे लेकिन उस लड़के की निय्यत अच्छी नहीं थी उसने काम के समय लगभग ६० हज़ार रूपए का घपला कर दिया और यह घपला लेखक के पिता के नाम पर चढ़ गया।

इस घपले में उस लड़के के साथ लेखक के पिता के चचेरे भाई बुलबुला भी शामिल थे दोनों ने मिलकर पैसो का हेरफेर किया और सोचा की पकडे नहीं जायेंगे।

परन्तु दूध की कंपनी वालो ने कार्यवाही की और लेखक के पिता को गाओ से बुलावा आया। लेखक की पिता शहर पोहोचे ये सोचकर की काम जरुरी होगा तभी बुलावा आया है परन्तु

शहर पोहोचते ही लेखक के पिता को पैसो की हेर फेर का नाम लगाकर जेल में दाल दिया गया।

वही दूसरी और लेखक के पिता के चचेरे भाई बुलबुला को उनके परिवार ने खबर पोहोचा दी थी जिससे वो कही दूर भाग कर छुपगए थे।

लेखक के पिता को ८ दिन तक जेल में बंद रखा गया और ८ दिनों तक न उन्हें खाने को खाना मिला न पीने को पानी। ऐसा व्यवहार उस व्यक्ति के साथ जिसने हमेशा सबको अपना माना और ईमानदारी के साथ जीवन जिया। भगवान् को भी शायद अच्छे लोग रास नहीं आते तभी तो उनके साथ इतना बुरा होता है।

और इस दौरान यह खबर लेखक की माता जी तक पहुंची और उन्होंने शहर जाने का फैसला किया परन्तु बसंत लाल (लेखक के नाना जी) ने अपनी बेटी को इस हालत में जाने से इंकार कर दिया और वह पहुंचे रसिक बिहारी मास्टर के पास (लेखक के पिता के चाचा जी)| वहाँ पहुंच कर बसंत लाल ने साफ शब्दों में कहा " मास्टर साहब आपके भरोसे और आपके नाम के भरोसे मेने अपनी बेटी का हाथ आपके भतीजे के हाथ में दिया और यह आपका कर्तव्य है की मेरी बेटी के सुहाग पर कोई मुश्किल न आये "। यह सुन्न रसिक बिहारी जी ने शहर के लिए प्रस्थान किया और लेखक के पिता को अपनी ज़िम्मेदारी पर जेल से रिहा करवाया जिसमे उन्होंने अपने पास से ५००० रूपए लगाए।

लेखक के पिता बहुत खुद्दार थे उन्होंने अपने बचाये हुए पैसो से सबसे पहले रसिक बिहारी अपने चाचा जी के पैसे लौटाए और जो उनपर इलज़ाम लगाया गया उसकी भरपाई भी करने के लिए राजी हो गए।

इसके बाद लेखक की माता भी अपने बचे के साथ शहर पहुंच गयी।

१ साल बाद ही लेखक के छोटे भाई का जनम हुआ और पूरा परिवार शहर में अच्छे से रहने लगा। शहर में रहना और बचो का खर्चा संभालना मुश्किल था ऊपर से कर्ज़ा भी भरना था परन्तु लेखक के पिता ने दिन रात एक कर दिया और खूब मेहनत की कभी दूध सप्लाई करना कभी मज़दूर का काम कभी रिक्शा चलाना। पर उन्होंने अपने बीवी बचो को किसी चीज की कमी नहीं होने दी।

उसी समय अपने देवर यानि लेखक के छोटे भाई का ये व्यवहार की पैसे जुआ में उदा आना दारू पीकर घर आना ये सब देख लेखक की माता जी ने अपने बच्चो पर इन सब बुरी चीजों का असर न हो उन्होंने अपने देवर को घर से निकाल दिया और उनके देवर ने भी वह से रवानगी लेली।

कई तरह की मुश्किलों के बाद भी जिंदगी चल रही थी। लेखक अब ३ साल के हो चुके थे और बड़े होने के साथ साथ बढ़ रही थी उनकी शैतानिया दोनों भाई बहुत शैतानी करते और पड़ोस के लोगो को काफी परेशान किया करते पर दोनों जितने शैतान थे उतने ही सबके प्यारे

भी।

सर्दियों का मौसम था और सर्दियों में दोनों भाई सुबह से उठकर नाहा कर नाश्ता करके टीवी देखने लगते थे। और फिर एक दिन लेखक की माँ ज्यादा ठण्ड होने के कारण लेखक को मोज़े पहना देती है। लेखक सिर्फ ३ साल के थे और उनके हाथ पैर बहुत नाज़ुक और वही मोज़े के टाइट और कासे रहने के कारण लेखक के पैर में धीरे धीरे सूजन आने लगी।

लेखक की माँ खुद एक कम उम्र की लड़की थी जिनकी छोटी उम्र में ही शादी कर दी गयी थी इसलिए उन्हें खुद कई चीजों का अंदाजा नहीं था ठण्ड से बचाये रखने के लिए उन्होंने ३ दिन तक मोज़े नहीं उतारे और जिसके कारण लेखक के पैरों में खून बंध गया।

जब लेखक दर्द की वजह से चलना फिरना छोड़ देते है और काफी रोते हैं तब उनकी माँ और पिताजी उन्हें हॉस्पिटल लेकर जाते हैं जहा पता चलता है की खून पैर में बंध जाने के कारण लेखक के पैर का ऑपरेशन करना पड़ेगा जिसका कुल खर्चा २५००० रूपए है।

अब पिता अपने बचे को कैसे मुश्किल में देख सकते है उन्होंने तुरंत डॉक्टर से इलाज़ करने को कहा और खुद जाकर अपने दोस्तों से लोगो से कर्ज़ा मांगने लगे ताकि अपने पुत्र का इलाज़ करा सके। एक पिता अपने बचे का जीवन बचाने के लिए कुछ भी कर सकता है और यह सिर्फ कहने की बात नहीं है सचाई है।

आखिर में ऑपरेशन पूरा होता है और सब सही हो जाता है। धीरे धीरे जिंदगी आगे बढ़ती है।

इस अध्याय में हमे यह सिख मिलती है की जरूरत से ज्यादा किसी पर अगर भरोसा किया जाये तो यह आपके लिए बहुत मेहेंगा पड़ सकता है जैसा की लेखक के पिता के साथ हुआ उन्होंने अपने चचेरे भाई बंधुओं पर भरोसा किया और उन्ही को जेल जाना पड़ा।

एक व्यक्ति को हमेशा आत्म निर्भर बनना चाहिए और सम्मान के साथ रहना चाहिए जैसा की लेखक के पिता थे वो हर मुश्किल से लड़ सकते थे क्युकी वो आत्मनिर्भर थे वही दूसरी और लेखक के पिता के भाई जो की शराबी व जुआरी थे वो ज़िन्दगी में कुछ नहीं कर पाए क्युकी उनकी आदत दुसरो के पैसो पर जीने की पड़ गयी थी।

और हमारा पुराना समाज लड़कियों के सपनों को अनदेखा कर उनकी काम उम्र में शादी करा देता है ये कहकर की उनकी ज़िम्मेदारी टली पर वो ये नहीं जानते की जिस रिश्ते में वो अपने कम उम्र के बचो को बांध रहे हैं उसकी उन्हें समझ ही नहीं है तो वो भला उस रिश्ते में खुश कैसे रहेंगे।

बाल विवाह कानूनन जुर्म है पर आज भी भारत देश में कई गाओं में बाल विवाह हो रहे हैं जो की सरासर गलत है।

3

स्कूल का जीवन

ये बात हे उस समय की जब पहली बार लेखक ने स्कूल जाना शुरू किया। और हर आम बचे की तरह वह स्कूल जाने के नाम पर बहुत रोये पर क्या करते जाना तो था ही वह नई दोस्त बनाये नई चीजे सिखने को मिली और धीरे धीरे लेखक पहेली कक्षा में पहुंच गए।

यह बात हे उस दिन की जब लेखक स्कूल जाने वाले थे और सुबह देर हो जाने के कारण लेखक स्कूल बिना कुछ खाये ही चले गए। परन्तु लेखक की माँ को यह बात रास नहीं आयी तो वह एक गिलास दूध और ब्रेड लेकर पहुंच गयी लेखक के स्कूल।

जहा उन्होंने अध्यापक से विनती करके वही लेखक को नाश्ता कराया बिना शर्माए और झिकझिकाये आखिर माँ का दिल ऐसा ही होता है।

कुछ दिनों बाद लेखक को एक दिन एक कलम खरीदनी थी और लेखक ने कलम खरीदने के लिए अपने छोटे भाई के साथ बहार जाने का सोचा।

दोनों भाई दुकान पर कलम खरीदने गए पर उन्हें कलम नहीं मिली। उनके साथ उनके २ मित्र भी थे परन्तु कुछ आगे जाने के बाद उनके मित्र लेखक और उनके भाई से बिछड़ गए।

लेखक अभी लगभग ५ साल के ही थे उन्हें कोई रास्ता अचे से नहीं पता था इसलिए घर वापसी के समय दोनों भाई रास्ता भटक गए।

दोनों भाई एक साथ बिना चप्पल पहने नंगे पाओ कलम खरीदने निकले थे लेकिन दोनों अब अकेले बीच सड़क में भटक गए थे और उन्हें न घर का पता मालूम था और न ही घर का रास्ता।

फिर लेखक धीरे धीरे अपने छोटे भाई का हाथ पक्कड़ चलने लगे ये सोच की कही रास्ता मिलेगा मगर ऐसा नहीं हुआ।

घूमते घूमते सुबह से दोपहर हो गयी और दोनों भाइयो को भूक लगने लगी लेकिन न उनके पास पैसे थे न खाना।

फिर तभी घूमते घूमते दोनों बचे गुरुद्वारा पहुंच गए वह पहुंचने पर लेखक ने देखा की वह एक ओरत लंगर बात रही थी लेखक ने जाकर उनसे कहा " आंटी जी हमे भी थोड़ा खाना देदो

हमे भूक लगी है " यह सुन्न और मासूम बचे का चेहरा देख उन् ममता भरी ओरत को दया आ गयी और उन्होंने दोनों बचो को मंदिर में गुरूद्वारे में बैठाकर पेट भर खाना खिलाया और उनसे पूछा की उनका घर कहा है।

घर का पता न होने के कारण उस ओरत ने गुरूद्वारे के सबसे बड़े साहब से कहा की ये बचे घर का रास्ता भटक गए हैंकृपया इन्हे गुरद्वारे में ही रहने दिया जाये।

वही दूसरी और बचो को घर पर ना पाकर माँ की हालत बेकार थी उन्होंने रो रो कर अपनी हालत ख़राब कर रखी थी।

और पिता ने भी घर पहुंचते ही पुलिस में बचो के खोने की रिपोर्ट करवा दी थी और खुद भी अपने जानकर लोगो के साथ मिलकर उन्हें ढूंढ़ने लग गए।

शाम को जब गुरूद्वारे में भजन हो रहा था तभी एक व्यक्ति ने दोनों बचो को देखकर पहचान लिया वह व्यक्ति लेखक के पिता के मित्र थे।

उन्होंने तुरंत लेखक के पिता को खबर दी और दोनों बचे सही सलामत घर पहुंच गए।

इसलिए हमे छोटे बचो पर हमेशा नज़र रखनी चाहिए ताकि वह कुछ गलत न कर बैठे।

स्कूल में दोनों ही बचे बहुत तेज थे और दोनों अव्वल नंबर लाते थे।

स्कूल बच्चो के जीवन का वो भाग है जो सबसे अच्छा व सबसे प्यारा होता है बड़े हो जाने के बाद हर कोई यही सोचता है की शायद वो पुराने दिन लौट पाते।

लेखक अब 9वी कक्षा में पहुंच गए जहाँ उनके नई दोस्त बने। दोनों भाइयो ने आज तक खुद ही पढाई की थी परन्तु लोगो की बात सुनकर लेखक की माँ ने अब दोनों भाइयो की टूशन भी चालू करा दी थी।

टूशन ज्वाइन करने के बाद लेखक के जीवन में कई प्रकार के बदलाव आये जो की आपको अगले भाग में पता चलेगा।

इस कहानी से हमे ये सीख मिलती है की एक माँ अपने बचो से बहुत प्यार करती है और उनके लिए कुछ भी कर सकती है।

बच्चेनादान होते है और ये हर माँ बाप का कर्तव्य है की वह अपने बचो का चरित्रनिर्माण भली भाटी करे।

बचो का भविष्य बनाने के चक्कर मै माँ बाप बचो के चरित्रनिर्माण कार्य भूल ही जाते है जो की बहुत आवश्यक है।

अगले भाग मै फिर मिलेंगे राधे राधे।

www.ingramcontent.com/pod-product-compliance
Lightning Source LLC
Chambersburg PA
CBHW020859160726
47993CB00004B/1731